COLLECTION
FICHEBOOK

MARCEL PROUST

Du côté de chez Swann

Fiche de lecture

© *Les Éditions du Cénacle, 2014.*

ISBN 978-2-36788-501-8
Dépôt légal : novembre 2014

SOMMAIRE

BIOGRAPHIE

MARCEL PROUST

Marcel Proust est né à Auteuil le 10 juillet 1871 dans la maison familiale, 96 rue La Fontaine, où il passera une partie de sa jeunesse avant de déménager dans le 8e arrondissement de Paris. Son père, Adrien Proust, est professeur à la faculté. Il est issu d'une lignée beauceronne et catholique installée depuis plusieurs générations à Illiers, près de Chartres, ville que Marcel Proust évoquera dans son œuvre sous le nom de Combray. Sa mère, née Jeanne Weil, est fille d'un commanditaire d'agent de change. Élevé dans un contexte bourgeois qui lui offre un accès aisé à la culture, Marcel développe des signes précoces d'une grande intelligence et d'une vive sensibilité. Toutefois, sa santé demeurera toujours extrêmement délicate, sa mère ayant eu une grossesse difficile lorsqu'elle était enceinte de lui. Son existence est ponctuée de graves crises d'asthmes atteignant leur paroxysme au printemps, amplifiées par les effets du rhume des foins. Son adolescence est toutefois heureuse et couronnée de succès scolaires au lycée Condorcet. C'est aussi à cette période que se précisent ses tendances sexuelles qu'il tentera de dissimuler toute sa vie.

Brillant élève, faisant preuve d'une grande curiosité pour la philosophie et les arts, il poursuit ses études de lettres et de droit jusqu'à la licence, et suit à la Sorbonne les cours du philosophe Henri Bergson. Tenté un temps par une carrière diplomatique, il décide toutefois de se consacrer aux lettres vers 1892. Il fonde alors des revues telles que *Le Banquet* ou *La Revue Blanche*. Ses productions sont réunies en 1896 dans un ouvrage publié chez Calmann-Levy, *Les Plaisirs et les jours*, qui connaît les honneurs d'une préface d'un des écrivains les plus en vue à la fin du XIXe siècle : Anatole France. Bien que contenant déjà en puissance les thèmes qui feront sa postérité, ce recueil reçoit un accueil très mitigé de la critique et passe presque inaperçu auprès du grand public. Parallèlement, Proust commence à fréquenter assidûment les salons mondains et littéraires de la princesse Mathilde, de Madame Strauss et de Madame de Caillavet. De son insatisfaction face à un monde d'apparat et de chic naîtra l'un des grands thèmes de son œuvre qui distingue la réalité mondaine d'une vérité intérieure, seule capable de définir les êtres. Bien plus, ce mécontentement forge petit à petit les traits de caractère d'un écrivain et dessine les lignes de faîte d'un style.

Entre 1896 et 1905, Proust se consacre à l'œuvre de l'écrivain anglais John Ruskin dont il traduit deux romans, *La Bible d'Amiens* et *Sésame et les lys*. À la même période, il se plonge dans l'écriture de son premier grand roman, qui devait être l'histoire de son itinéraire spirituel. Cette œuvre, intitulée *Jean Santeuil*, restera inachevée et ne sera publiée qu'à titre posthume en 1952. Trop hâtive, elle est encore marquée par les ambitions autobiographiques du jeune auteur, mais n'en porte pas moins la même volonté que les œuvres suivantes de retrouver « le temps perdu », c'est-à-dire l'enfance.

C'est à cette période donc que Proust dessine les premiers contours de sa grande œuvre. Il affirme alors sa vocation de romancier qu'il expose, entre 1907 et 1909, dans un texte éclectique, *Contre Sainte-Beuve*, où il développe son idée d'une distinction entre un « moi social » et un « moi créateur ». Ce texte, méconnu de son vivant, ne sera lui aussi publié qu'à titre posthume, en 1952. L'auteur y développe la thèse suivante : si le premier « moi » permet la construction d'une identité dans le monde réel, c'est le second qui est à l'origine de l'art. Il s'oppose donc au critique romantique qu'est Sainte-Beuve qui considérait que la biographie de l'homme annonçait et expliquait l'œuvre de l'écrivain. En 1908, Proust rédige les *Pastiches*, recueil de critiques qui lui permet d'approfondir sa réflexion sur la littérature. Bien que dispersés, ces deux projets fondateurs condensent déjà l'idée d'articuler création romanesque et expérience critique. C'est à cette époque qu'il fréquente Alfred Agostinelli, son chauffeur-secrétaire et accessoirement « l'être qu'il a le plus aimé après sa mère ». Il découvre aussi les charmes de Cabourg, sur la côte normande.

Le premier chef-d'œuvre de Proust, *Du côté de chez Swann*, ne paraît qu'à l'orée de la Première Guerre Mondiale, en décembre 1913. Cet ouvrage, publié à compte d'auteur chez Grasset et qui déconcerte alors la critique, n'est que le début d'une vaste entreprise composée des cycles Swann, Guermantes et Albertine. Initialement intitulé *Le Temps perdu*, ce vaste ensemble romanesque prend des proportions considérables à partir de 1912.

Avec les disparitions successives de son père (1903) puis de sa mère (1905), il s'isole et s'affranchit de tout lien familial, attitude que confirmera la mort en 1914 d'Alfred Agostinelli, disparu tragiquement dans un accident d'avion. Il se consacre alors exclusivement à l'écriture, mettant chaque jour un peu plus sa santé en péril. Entre 1914 et 1919, il gonfle sensiblement son projet d'écriture, ne cessant de reprendre et d'augmenter son propos à l'aide de « paperoles », ces petites bandelettes de papiers qu'il colle sur les pages de ses manuscrits : la vie, ses souffrances puis l'expérience de la guerre offrent à son travail des résonances neuves. Le développement de ces thèmes va alors de paire avec la complexité croissante de la structure de son œuvre. Construite au départ en deux volets, le second devant répondre au premier en dévoilant son sens, l'œuvre progresse et au total, cette somme romanesque atteindra entre deux mille cinq cents et trois mille pages (selon les éditions), réparties en sept romans.

De plus en plus malade, il écrit à toute vitesse ses textes, mais n'assistera qu'à la publication d'un tiers d'*À la recherche du temps perdu*, sa grande œuvre romanesque : *Du côté de chez Swann* en 1913, *À l'ombre des jeunes filles en fleurs* en 1919, *Le Côté de Guermantes* en 1920-1921 et *Sodome et Gomorrhe* en 1921-1922. Couronné par l'Académie Goncourt en 1919 pour *À l'ombre des jeunes filles en fleurs*, il obtient dans la dernière partie de sa vie une reconnaissance publique et critique à la mesure de l'immense portée de son œuvre. Cloîtré dans son appartement du 16ᵉ arrondissement aux murs tapissés de liège, il est atteint en septembre d'un refroidissement. Constamment enfiévré, il travaille exclusivement à son œuvre, allant jusqu'à refuser toute visite, même celle de son médecin. Victime d'une énième suffocation, il meurt le 18 novembre 1922, laissant derrière lui l'une des œuvres les plus ambitieuses du vingtième siècle.

PRÉSENTATION DU COTÉ DE CHEZ SWANN

Du côté de chez Swann est le premier volume de la fresque romanesque : *À la recherche du temps perdu*. C'est avec cet ouvrage qu'il développe un style d'écriture personnel, puisque ses premiers écrits étaient pour la plupart des pastiches ou des textes courts. Avec ce roman, il choisit une forme longue, aussi bien pour le livre que pour les phrases, mais son génie ne sera pas tout de suite reconnu.

Le roman est raconté à la première personne par un narrateur dont on ne connaîtra jamais le nom, et qu'il ne faut pas confondre avec l'auteur. Dans ce premier roman, seule la deuxième partie est écrite à la troisième personne, et se concentre sur un autre personnage : Charles Swann. Mais on pourrait considérer que c'est le narrateur qui nous conte cet « amour de Swann ». Il précise en effet à la fin de la première partie, que cette histoire lui a été racontée bien après.

Le roman peut être considéré comme une suite d'anecdotes, pourtant très profondes ; évoquant certains souvenirs, le narrateur raconte, son enfance, ses amours (et ceux des autres), l'histoire de sa vocation littéraire. Cette réflexion sur l'écriture se développe à travers tous les romans de *À la recherche du temps perdu*, c'est pourquoi nous serons amenés à parler du reste de l'œuvre de Proust (que l'on nomme plus commodément la *Recherche*).

RÉSUMÉ DU ROMAN

PREMIÈRE PARTIE. COMBRAY

I

Le roman commence par cette célèbre phrase : « longtemps je me suis couché de bonne heure », et par une réflexion sur le sommeil et le réveil. Le narrateur, dont on ne saura jamais le nom, évoque ses réveils, et les différentes chambres dans lesquelles il a dormi, à Combray, Balbec, Tansonville. Il revient ensuite sur un drame de son enfance, celui du coucher ; il avait alors le droit de profiter de la « lanterne magique ». Ancêtre du cinéma, elle projette des images sur les murs, et en particulier, la légende médiévale de Geneviève de Brabant. Mais ce que le narrateur attendait par-dessus tout, c'était le baiser de sa mère avant d'aller dormir, plaisir rapide, éphémère, et terriblement cher à ses yeux. On a ici un des prémices de la conception de l'amour dans la Recherche ; il est toujours lié à la souffrance, l'obsession et la jalousie. Le narrateur évoque ensuite des soirées en famille, la personne de son père et les visites de M. Swann, un voisin vivant à Tansonville. Swann est le responsable involontaire des souffrances de l'enfant ; lorsque l'homme dîne avec ses parents, la mère ne peut aller embrasser son fils dans son lit, et le jeune Marcel est obligé de recevoir ce « viatique » devant tout le monde, et encore plus rapidement que d'habitude. Il évoque ainsi une soirée où Swann devait venir, et où ses tantes Cécile et Flora ne cessaient de parler de la caisse de vin d'Asti qu'il leur avait fait envoyer. Ce soir-là, sa mère l'ayant envoyé se coucher sans l'embrasser, le narrateur, malheureux lui avait fait parvenir un mot par Françoise, la domestique, pour qu'elle monte. Le narrateur, adulte, précise alors qu'il ne savait pas à l'époque que Swann avait lui-même connu les mêmes souffrances, relatées dans la seconde partie. Après le départ de Swann, ayant trouvé son fils en pleurs, sa mère décide de passer la nuit auprès de lui, à la grande surprise de l'enfant, qui reçoit plus qu'il ne l'espérait. Sa mère propose alors une lecture des livres offerts à l'enfant par sa grand-mère, notamment *François le Champi*, de George Sand. Le narrateur relate ensuite dans un célèbre épisode comment une madeleine trempée dans du thé – breuvage que lui offrait sa tante Léonie lorsqu'il était enfant – fait remonter à la surface tous ses souvenirs de Combray. C'est ainsi que commence véritablement la recherche du temps perdu.

II

Le narrateur, ayant retrouvé ses impressions passées, retrace alors tout l'univers de Combray et de la maison de sa grand-tante Léonie. Il se rappelle de ses chambres, de la domestique, Françoise, qui lui est totalement dévouée, ainsi qu'au reste de la famille. Puis un autre personnage apparaît, la vieille fille, Eulalie, qui vient rendre visite à Léonie et lui raconte tout ce qui se passe dans le village – cette dernière se croyant en effet très malade, elle refuse de sortir de sa chambre. Le narrateur décrit ensuite les déjeuners dominicaux, puis le reste de la maison, le jardin, l'arrière-cuisine, et le cabinet de l'oncle Adolphe, qu'il allait visiter de temps en temps, à Paris. À l'époque, le narrateur éprouvait un « amour platonique » pour le théâtre car on ne l'y avait jamais emmené, et il rêvait d'aller voir jouer la comédienne la Berma. Or l'oncle connaissait toutes ces actrices, et autres « cocottes » ou « demi-mondaines ». C'est ainsi qu'au cours d'une visite, le narrateur rencontre une des « amies » de son oncle dont avaient parlé ses parents, qu'il surnomme « la dame en rose », et qui s'appelle en réalité Odette de Crécy, future Mme Swann. Par la suite, il ne voit plus son oncle, le reste de sa famille s'étant brouillé avec lui.

On revient ensuite aux souvenirs de Combray, dans l'arrière-cuisine, domaine de la fille de cuisine, malingre et enceinte, surnommée « la Charité de Giotto » par Swann, qui lui trouve une ressemblance avec l'œuvre du peintre. Ceci donne naissance à une réflexion sur l'art, puis sur la lecture, et notamment celles qu'il fait au jardin, à Combray. Il en vient ainsi à parler de son ami d'enfance, Bloch, qui lui avait fait découvrir un auteur qu'il admira beaucoup ; Bergotte (il s'agit d'une des plus importantes découvertes esthétiques que le narrateur fera dans la *Recherche*). La lecture de Bergotte l'enthousiasme énormément ; il découvre par la suite que Swann connaît cet homme, qui vient dîner chez lui et est un ami de sa fille, Gilberte. Cette Gilberte, avant même qu'il ne la connaisse, lui paraît ainsi jouir d'un grand prestige. Le narrateur revient ensuite sur la vie dans la maison de la tante Léonie, et notamment sur la délivrance de la fille de cuisine, dont on apprend que Françoise la déteste ; la « Charité de Giotto » étant allergique aux asperges, elle lui en fait sans cesse préparer, et le narrateur comprend que c'est pour cette raison qu'ils en avaient tant mangé l'été de sa grossesse. Cependant, cette Françoise, ambiguë, est souvent prise d'accès de compassion, et soignera avec dévouement la « Charité » durant sa délivrance.

Le narrateur raconte ensuite les déjeuners du samedi ; sa famille et lui sortaient pour aller au « mois de Marie », à l'église. « C'est au mois de Marie que je me souviens d'avoir commencé à aimer les aubépines. » Cet amour des aubépines roses sur l'autel n'est pas anodin ; il s'agit d'un des effets d'annonce, fréquents dans le roman, d'une rencontre qu'il fera pus tard, et à laquelle il associe ces fleurs. Nous découvrons ensuite le personnage de Vinteuil, professeur de musique des tantes du narrateur et compositeur, dont le génie n'est pas reconnu (sa sonate jouera un rôle très important par la suite). Vinteuil a une fille qu'il adore et qu'il couve comme une fleur délicate, mais qui a « l'air d'un garçon ». Le narrateur remarque cependant que ses joues rudes et tachées ressemblent aux aubépines sur l'autel.

La vie à Combray est à nouveau évoquée à travers les promenades sous la lune, puis la cuisine de Françoise (les asperges, le poulet, qui sont représentatifs de la cruauté de la domestique, qui peut être d'une grande compassion, mais aussi d'un profond sadisme), puis le narrateur évoque Legrandin, personnage snob et hypocrite, dont le rêve est d'être lié à la grande famille noble de la région, les Guermantes. C'est Legrandin qui évoque pour la première fois Balbec devant le narrateur, une petite station balnéaire où il passera des vacances (et rencontrera Albertine). Bien que la sœur de Legrandin, Mme de Cambremer, possède une maison à Balbec, il refuse d'introduire auprès d'elle le narrateur et sa famille car ils ne sont pas nobles. Ainsi, le narrateur commence à évoquer les deux « côtés » que l'on peut emprunter pour se promener à Combray, mais qui ne se rejoignent jamais, deux extrêmes qui paraissent alors inconciliables ; le « côté de chez Swann » (la bourgeoisie), et « le côté de Guermantes » (la noblesse), « si opposés qu'on ne sortait pas en effet de chez nous par la même porte, quand on voulait aller d'un côté ou de l'autre ».

Le narrateur évoque la promenade du côté de Méséglise-la Vineuse, rebaptisée le « côté de chez Swann », parce qu'il passe à côté de la propriété de Swann, Tansonville. Près de cette propriété, on passe devant de très beaux lilas, et à travers un chemin d'aubépines ; c'est à ce moment qu'apparaît Gilberte Swann, premier amour du narrateur, qu'il associe aux aubépines. Un amour qui commence mal, puisque le narrateur, chaque fois qu'il pense à elle, se la représente avec un regard « d'un vif azur », alors que ce qui frappe chez elle, c'est justement que ses yeux sont noirs, ce qui le rend encore plus amoureux de ses yeux bleus, précise-t-il. Cette rencontre silencieuse se place en outre sous le signe de l'incompréhension ; Gilberte lui adresse « un geste indécent », signe d'une « intention insolente », dont le narrateur se souviendra, mais qui était en fait une déclaration d'amour, comme elle le lui expliquera bien des années après. La mère de Gilberte, Odette de Crécy, devenue Mme Swann, appelle alors sa fille, et le narrateur aperçoit avec elle un « monsieur habillé de coutil », le baron de Charlus, que l'on retrouvera plus tard. La promenade du côté de chez Swann se poursuit vers Montjouvain, propriété de Vinteuil. La fille de ce dernier lui cause de grandes souffrances ; on apprend ainsi qu'une de ses amies est venue s'installer chez elle, et que cette amie n'en est pas vraiment une ; Mlle Vinteuil est en effet le premier personnage de lesbienne de la Recherche. Son père en souffre au point qu'il en mourra. Par la suite, la famille du narrateur se demande s'il y a un lien de parenté entre leur voisin Vinteuil et le compositeur Vinteuil que Swann admire beaucoup, sans savoir qu'il s'agit du même homme. Le narrateur raconte ensuite la mort de sa tante Léonie, et la douleur profonde de Françoise. À présent plus âgé, il évoque la naissance du désir d'embrasser une paysanne de Roussainville, au cours d'une promenade en solitaire, qui le conduit à Montjouvain. Y apercevant Mlle Vinteuil, c'est à ce moment qu'il fait la première expérience du sadisme ; il assiste en effet, en voyeur, à un jeu amoureux sadique entre Mlle Vinteuil et son amie (qui l'a pervertie), consistant à profaner le portrait de son père, qui l'aimait profondément et est mort par sa faute.

Le narrateur évoque ensuite l'autre promenade, celle du côté de Guermantes, plus longue, qui nécessite un après-midi entier ; cette promenade devrait s'achever au château des Guermantes, mais le narrateur et sa famille n'atteignent jamais cette cité d'émeraude, ce qui symbolise l'inaccessibilité de la noblesse. Le paysage qu'ils traversent est un paysage aquatique ; les promeneurs marchent le long de la Vivonne, dont la beauté, les carafes, les nymphéas font l'objet d'une longue évocation poétique. Le narrateur revient ensuite sur la généalogie des Guermantes, issus de Geneviève de Brabant. Il rêve de rencontrer Mme de Guermantes, qu'elle s'éprenne de lui, et qu'il puisse lui écrire des poèmes, mais le découragement le détourne de cette ambition littéraire. Un jour il finit par apercevoir la duchesse de Guermantes dans la chapelle de Gilbert le Mauvais ; « une dame blonde avec un grand nez, des yeux bleus et perçants, une cravate bouffante en soie mauve, lisse, neuve et brillante, et un petit bouton au coin du nez. » Le narrateur se représentait jusqu'alors cette femme sous les traits de Geneviève de Brabant sur son vitrail : « Ma déception était grande […] C'est cela, ce n'est que cela, Mme de Guermantes ! » s'exclame-t-il. Il ne découvre en effet qu'une femme normale avec un grand nez, et cette déception étant insupportable, il repense à la glorieuse ascendance de la duchesse, et au désir qu'il avait de la voir et de la connaître, ce qui transforme sa perception : par autosuggestion, il la trouve finalement belle, fière, digne de ses ancêtres. Cette déception annonce une même rencontre dans la deuxième partie du roman. La promenade du côté de Guermantes se poursuit à Martinville, dont les trois clochers au soleil couchant font signe au narrateur ; il sent qu'il y a là, véritablement, un message, et il ressent alors un profond désir d'écrire. Cette création littéraire lui cause sa première joie. Mais cet état d'euphorie retombe cependant pour laisser place à la tristesse et au découragement du futur écrivain.

Le narrateur tire alors des conclusions sur ces deux « côtés », associés à des vérités, mais que l'on ne comprend pas toujours au moment où elles se manifestent. La réalité ne se forme-t-elle que dans la mémoire ? se demande-t-il, tandis qu'il revient au présent et se réveille. Il songe ainsi au pouvoir de l'association des souvenirs, et se remémore ce qu'il avait appris par la suite, à propos d'un amour que Swan avait eu avant sa naissance…

DEUXIÈME PARTIE. UN AMOUR DE SWANN

Cette deuxième partie annoncée précédemment, raconte l'histoire d'amour entre Swann et Odette de Crécy. On nous présente d'abord le « petit noyau Verdurin ». Mme Verdurin est une femme mondaine, snob et ridicule, qui organise avec son mari des dîners et salons, où elle réunit ses « fidèles ». Parmi eux se trouve la demi-mondaine Odette de Crécy, qui convainc Mme Verdurin d'inviter à dîner un homme qu'elle vient de rencontrer, M. Charles Swann. Celui-ci est supérieur au noyau Verdurin par bien des côtés, mais aime tellement les femmes qu'il se moque bien de leur naissance, et peut tout aussi bien tomber amoureux d'une duchesse que d'une soubrette. On nous raconte alors comment s'est déroulée sa première rencontre avec Odette ; il la trouve tout d'abord « non pas certes sans beauté, mais d'un genre de beauté qui lui était indifférent, qui ne lui inspirait aucun désir, lui causait même une sorte de répulsion physique ». Pourtant, son plus grand amour est en train de naître, non pas parce qu'il finit par la trouver charmante, mais parce qu'il s'aperçoit qu'elle est amoureuse de lui. Elle semble en effet n'avoir rien pour le séduire ; elle ne lui plaît pas et est totalement ignorante en art alors qu'il est un homme cultivé et un esthète. Mais au cours de leurs entretiens, il se rend compte qu'Odette s'intéresse à lui et accepte même d'être présenté aux Verdurin. Lors de son introduction dans « le petit noyau », il fait une excellente impression à Mme Verdurin, qui engage Odette à le ramener. Au cours de ce dîner, le pianiste de Mme Verdurin joue la sonate pour violon et piano de Vinteuil. Dans cette sonate, dont il est déjà question dans « Combray », il y a une petite phrase musicale, que Swann aime particulièrement, et qui provoque chez lui un flot d'émotions délicieuses. Après ce dîner, on fait la « critique » de Swann, jugé charmant par la maîtresse de maison, mais ses « amitiés puissantes » (le président de la république et le prince de Galles) font mauvais effet à ses yeux. Le rapprochement entre Swann et Odette se poursuit, mais il ne consent à la voir qu'après dîner, car il occupe le reste de son temps avec une petite ouvrière, dont il est alors épris. Il continue à venir chez les Verdurin, et entend à chaque fois la petite phrase de la sonate qu'il aime tant, « hymne national de leur amour ». Il raccompagne ensuite Odette chez elle, rue de la Pérouse, mais n'entre pas. Il était déjà venu prendre le thé une fois chez elle, et avait oublié son étui à cigarettes. Étui qu'elle avait renvoyé avec un mot : « Que n'y avez-vous aussi oublié votre cœur, je ne vous aurais pas laissé le reprendre. » La deuxième visite scelle leur histoire ; souffrante, elle le reçoit cheveux dénoués et en peignoir. Swann est alors frappé par sa ressemblance avec la figure de Zéphora, la fille de Jéthro, dans une peinture de Botticelli de la chapelle Sixtine. Dès lors, la beauté qu'il méprisait devient à ses yeux la plus exquise, et son amour pour Odette, une passion d'esthète pour une œuvre d'art, un désir jaloux de collectionneur.

Un soir, Swann arrive chez les Verdurin après le départ d'Odette ; son désarroi est immense. Perdu, il la cherche toute la nuit dans Paris, saisi d'angoisse de passer un jour sans l'avoir vue. Il découvre ainsi le besoin qu'il a de sa présence, et le désir de la posséder comme un objet. Lorsqu'il la retrouve finalement, il monte dans sa voiture et la reconduit. Portant un bouquet de catleyas et des fleurs fraîches dans les cheveux, il saisit le prétexte de les rajuster pour pouvoir la toucher, bien qu'elle ne soit pas dupe. Il finit par l'embrasser, et elle devient sa maîtresse ; ce nouveau couple prend ainsi ses petites habitudes. Étant son amant, Swann découvre peu à peu la vulgarité d'Odette, dont les goûts sont peu sûrs. Il se plaît cependant à les adopter, et juge même que les Verdurin sont « des êtres magnanimes ». Mais dans leur cercle restreint, il n'est pas un véritable « fidèle ». Sa disgrâce commence avec l'arrivée d'un nouveau, le comte de Forcheville, qui révèle les fréquentations aristocratiques de Swann. Ignorant cela, celui-ci continue de venir.

Un soir, renvoyé par Odette à minuit, il revient chez elle, pris d'un doute ; l'aurait-elle renvoyé parce qu'elle attendait quelqu'un d'autre ? Découvrant une fenêtre éclairée, il est torturé par la jalousie, croyant que cette fenêtre est celle d'Odette. Il frappe, mais s'aperçoit de son erreur, et rentre chez lui. Cet épisode de jalousie sera suivi de beaucoup d'autres. Ainsi, un après-midi, Swann décide d'aller chez elle à l'improviste, mais sa porte reste fermée. Odette ment pour s'excuser, mais s'y prenant mal, il s'en aperçoit. Il découvre une de ses lettres, dans une enveloppe, à travers laquelle il peut lire qu'elle est adressée à Forcheville. Un jour, les Verdurin organisent une partie à Chatou, à laquelle Odette est conviée, mais pas Swann, qui s'indigne de ce procédé. Mme Verdurin qui remarque l'amour jaloux et possessif de Swann pour Odette, commence à pousser celle-ci dans les bras de Forcheville. Swann tombe alors définitivement en disgrâce aux yeux du clan Verdurin.

Ce salon devient alors un obstacle à leurs rencontres, et la jalousie de Swann augmente ; il cherche à la retrouver, l'attend souvent dans la nuit, tandis qu'elle semble se rapprocher de Forcheville. Alors qu'il envisage de partir avec elle pour Bayreuth, sa tendresse renaît. Puis il change d'avis et envisage de rester quelque temps sans la voir. Son passé de « cocotte » à Bade et à Nice l'emplit de tristesse, et il songe même à la mort. Il veut éviter de confronter l'Odette amoureuse d'autrefois à celle d'aujourd'hui, mais ce constat se fera malgré lui lors d'une soirée chez Mme de Saint-Euverte.

Comme il se rend à cette soirée sans Odette, Swann demande à son ami le baron de Charlus de lui rendre visite et de passer la soirée avec elle (donc de la surveiller ; il n'a aucune crainte avec Charlus, qui est homosexuel). Détaché de son amour et de sa jalousie, il contemple la société présente chez Mme de Saint-Euverte « comme une suite de tableaux » ; les valets de pieds, la marquise de Cambremer, Mme de Franquetot, Mme de Gallardon, cousine dédaignée des Guermantes, la princesse des Laumes, la jeune Mme de Cambremer (la sœur de Legrandin), à qui Swann présente le général de Froberville. Brusquement, dans ce milieu si étranger à Odette, la petite phrase de Vinteuil qu'il entend lui rappelle tous ses souvenirs du temps où elle l'aimait. Le langage de la musique, faisant revivre un bref instant ces temps heureux de l'amour partagé, lui fait prendre conscience que cet amour ne reviendra jamais.

C'est au tour de l'amour de Swann d'agoniser. Il aimerait qu'Odette meure sans douleur, puisque leur amour est mort. À présent convaincu qu'elle est la maîtresse de Forcheville, il reçoit en outre une lettre anonyme, affirmant qu'elle a été la maîtresse d'un grand nombre d'hommes, y compris de femmes et qu'elle fréquente des maisons de passe. Swann va alors commencer à soupçonner sa chaleureuse amitié avec Mme Verdurin d'être autre chose que de l'amitié, et va jusqu'à interroger Odette à propos de ses relations avec les femmes. Celle-ci, sous la pression finit par avouer qu'elle a eu quelques aventures féminines, mais pas avec Mme Verdurin. Swann comprend alors que c'est folie de « désirer la possession, toujours impossible, d'un autre être ». Il se sent précipité dans « un nouveau cercle de l'enfer », envisage de demander à des femmes de surveiller Odette. La troisième accusation de la lettre se révèle fondée lorsqu'il découvre qu'elle fréquente des maisons de rendez-vous. Malgré cela, Mme Cottard, une des « fidèles » du salon Verdurin, affirme à Swann qu'Odette l'adore. Mais l'amour de Swann s'éteint en même temps que sa jalousie, qui n'est plus présente qu'en rêve. Il décide de partir pour Combray, et l'image première qu'il a eue d'Odette s'impose à lui ; la deuxième partie s'achève sur cette célèbre exclamation de Swann : « Dire que j'ai gâché des années de ma vie, que j'ai voulu mourir, que j'ai eu mon plus grand amour, pour une femme qui ne me plaisait pas, qui n'était pas mon genre ! »

TROISIÈME PARTIE. NOMS DE PAYS : LE NOM

On se focalise à nouveau sur le narrateur, qui commence une nouvelle rêverie à propos des noms de pays. Il repense aux chambres de Combray, puis à celles de Balbec, à la différence entre ce Balbec rêvé, et le réel, ainsi qu'aux noms des villes de Normandie. Il évoque ensuite son projet avorté d'aller à Florence et à Venise ; le médecin lui interdit formellement de voyager et d'aller entendre la Berma au théâtre, mais prescrit des promenades aux Champs-Élysées, sous la surveillance de Françoise (le narrateur est alors enfant).

« Dans ce jardin public rien ne se rattachait à mes rêves », explique-t-il. Il rencontre alors une fillette aux cheveux roux ; il s'agit de Gilberte, qu'il a déjà vue à Combray, et avec qui il se lie et joue. Il passe beaucoup de temps auprès d'elle et ne craint qu'une chose : que les intempéries ne l'empêchent de sortir pour la voir ; il ne supporte pas une journée sans avoir passé un moment auprès d'elle. Mais ces moments passés avec elle ne sont nullement heureux, explique-t-il. Gilberte a beau lui témoigner de l'amitié – lui offrant une bille d'agate, une brochure sur Bergotte, lui permettant de l'appeler « Gilberte », et non « Mlle Swann » –cela ne satisfait pas le narrateur, car elle semble être indifférente.

Il évoque ensuite la transformation du « M. Swann de Combray », auteur de son désarroi dans sa petite enfance, en un personnage nouveau et prestigieux ; le père de Gilberte. Un jour, cette dernière annonce au narrateur, avec une joie cruelle, qu'elle ne viendra plus aux Champs-Élysées avant le 1er janvier. Alors qu'il s'attend à recevoir une lettre d'elle, il feuillette la brochure qu'elle lui a donnée, et se réjouit d'associer son amour à l'art et à la beauté. Il réalise néanmoins que Gilberte est indifférente à lui, et qu'il est seul à aimer.

Un jour, la mère du narrateur se rend aux Trois Quartiers

où elle rencontre Swann, qu'elle n'a pas revu depuis qu'il a cessé de venir dîner à Combray (ayant épousé une cocotte). Celui-ci lui parle de l'amitié de leurs enfants. Mais comme Gilberte ne peut plus venir, le narrateur se promène toujours, mais à des endroits le rapprochant d'elle ; il part ainsi « en pèlerinage » avec Françoise à la maison des Swann, près du Bois de Boulogne. C'est là qu'il aperçoit Mme Swann, dont il entend parler autour de lui. La revoir lui permet de comprendre qu'il est inutile de chercher dans la réalité les tableaux de la mémoire, auxquels manqueront justement le charme de la mémoire. Les choses ne reviennent jamais comme avant, ailleurs que dans les souvenirs. C'est sur cette réflexion que se clôt ce premier tome de la *Recherche* ; « Le souvenir d'une certaine image n'est que le regret d'un certain instant ; et les maisons, les routes, les avenues, sont fugitives, hélas, comme les années. »

LES RAISONS
DU SUCCÈS

Proust a souvent utilisé les journaux, notamment *Le Figaro* pour publier des fragments de son œuvre ; C'est ce qu'il fait pour *Du côté de chez Swann*, et ce sont essentiellement des extraits de « Combray » qui paraissent. Mais le premier volume de la *Recherche* fut d'abord refusé par de nombreux éditeurs ; Proust a connu de grandes difficultés pour faire accepter son roman, en particulier auprès de la NRF. On considère souvent ce refus de Gallimard et de Gide de publier *Du côté de chez Swann* comme l'une des plus grandes erreurs de la NRF et de l'une des plus importantes maisons d'édition françaises de l'époque. Proust avait pourtant réussi sans problèmes à faire publier *Les Plaisirs et les Jours*, son recueil de poèmes et nouvelles pastiches chez l'éditeur Calmann-Lévy. Mais personne ne veut prendre de risque avec *Du côté de chez Swann*, qui n'est pas du tout dans l'air du temps. Après le refus de Gallimard et de Gide, qui dirige la NRF, Proust se tourne alors vers Grasset qui commence par refuser de publier son roman. Il finit par accepter de le faire imprimer, mais à compte d'auteur ; le pire des contrats pour un écrivain.

Ce n'est qu'après la parution du roman chez Grasset que Jacques Rivière, Henri Ghéon, et André Gide comprennent leur erreur. Ce dernier écrira une lettre d'excuses à Proust, où il reconnaît son talent et la poétique de son œuvre, et lui demande de revenir à la NRF. Il avouera également, non sans honte, ne pas avoir lu le manuscrit en entier.

Les arguments de ces trois hommes convaincront Proust de faire éditer la suite de la *Recherche* chez Gallimard, et en particulier le tome suivant, *À l'ombre des jeunes filles en fleurs*, qui comme *Du côté de chez Swann*, remporte un grand succès, mais obtient aussi le prix Goncourt. C'est la première fois qu'une œuvre publiée chez Gallimard remporte ce prix, et c'est un moment de consécration pour la maison, qui ne cessera de monopoliser les prix Goncourt par la suite (en quinze ans, la moitié est remportée par des auteurs publiés chez Gallimard), ce qui contribue à sa réputation littéraire et artistique. Toutes les œuvres de Proust seront ensuite éditées par Gallimard, et paraîtront en extraits dans la NRF, où il écrit également plusieurs chroniques. Les difficultés de publication s'achèvent donc sur un partenariat solide avec la NRF et Gallimard, qui ont sans doute contribué à la grande renommée littéraire de Proust dès son vivant.

LES THÈMES
PRINCIPAUX

L'amalgame est souvent fait entre la vie de Proust et son œuvre ; mais s'il est vrai que l'écrivain réutilise les éléments de son existence pour alimenter son roman, il a cependant toujours insisté sur le fait que le narrateur n'avait rien à voir avec l'écrivain. « Au moins, c'est encore du roman que cela s'écarte le moins », écrit-il à propos de son œuvre, « Il y a un monsieur qui raconte et dit je ». C'est également lui, l'auteur du *Contre Sainte-Beuve*, qui a toujours revendiqué une critique littéraire détachée de la biographie de l'auteur, contrairement aux modes de son époque. Le roman de Proust n'est donc pas une autobiographie, bien qu'il soit tentant d'associer l'écrivain à son personnage. La vie de ce dernier a cependant un rapport évident avec la biographie de notre romancier.

Le souvenir a une importance capitale au sein du roman puisqu'il est à la base de la création littéraire. Ainsi, Proust réutilise de nombreux éléments de sa vie, comme le village d'Illiers, qui devient Combray, la maison de sa tante Élisabeth Amiot, et de son mari Jules Amiot, devenue la maison de la tante Léonie, les mondains qu'il fréquente, et qui se retrouvent par certains côtés dans ses personnages, l'écrivain Anatole France, qu'il a connu, et qui inspire le personnage de Bergotte… Il mélange tous ces éléments pour créer un espace romanesque, issu de réminiscences. C'est d'ailleurs à partir d'une réminiscence (celle de la partie I, des souvenirs de levers à l'épisode de la madeleine) que se déroule toute l'œuvre. Minutieusement décrite, elle fonctionne à l'aide de l'association de certains sens à des événements particuliers ; et revivre ces sensations permet de revivre l'événement, enfoui dans la mémoire du narrateur. Par exemple, dans ce célèbre épisode de la madeleine (qui au départ était une biscotte !), c'est le mélange des saveurs de la pâtisserie et du thé qui rappelle au narrateur celle qu'on lui donnait quand il était petit, puis, celle qui la lui donnait à manger (Léonie), puis sa maison, Combray, ses vacances… Le souvenir chez Proust prend alors la forme d'une chaîne de réminiscences, qui se déploie tels les origamis japonais qu'il évoque à la fin de ce passage.

Cette « chaîne » n'est pas anodine, puisque ces souvenirs ont une importance capitale pour le narrateur ; ils sont en réalité autant de signes, qui lui sont envoyés afin qu'il prenne conscience de sa nature d'écrivain et de créateur. *Du côté de chez Swann*, ainsi que toute la suite de la Recherche, est en effet l'histoire d'une vocation littéraire. On a là un narrateur, amoureux de toutes formes d'art et de beauté, qui à de nombreuses reprises dans le roman se sent attiré par une carrière d'écrivain, et cherche à écrire. Sa première expérience de création littéraire a lieu alors qu'il vient de voir les clochers de Martinville ; pris d'une sorte de ferveur, d'exaltation artistique, le narrateur écrit un texte, mais celui-ci lui paraîtra assez faible, une fois l'enthousiasme retombé. Ce ne sera pas le premier découragement que connaîtra le personnage, tout au long du roman. Sa vocation est donc faite de hauts et de bas, de périodes d'exaltation et d'abattements, traversée par ces souvenirs frappants, qu'il ne parvient pas encore à interpréter à ce stade de la *Recherche*, mais qui doivent le conduire à sa carrière d'homme de lettres.

Du côté de chez Swann raconte donc l'amour du narrateur (et de d'autres personnages, comme Swann) pour l'art, amour de l'art qui se mêle singulièrement à celui des femmes, chez Proust. Le meilleur exemple est celui de la deuxième partie du roman, « Un amour de Swann », qui retrace la relation entre Charles Swann et sa maîtresse, puis sa femme, Odette de Crécy, qu'il trouve au premier abord, peu attirante. Il change d'avis lorsqu'il voit en elle une ressemblance avec la Zéphora de Botticelli, et transpose son amour de l'art et de la peinture, sur cette femme, qui lui semble alors incarner l'art et la beauté ; elle devient à ses yeux une œuvre d'art vivante, alors qu'elle reste, en réalité, une femme entretenue, vulgaire et peu cultivée. Cet aveuglement, créé par l'amour, se retrouve chez le narrateur amoureux de Gilberte : il l'aime tout d'abord parce qu'elle est une « amie » de son écrivain favori, donc il s'en fabrique une image figée, et ce phénomène se répète lors de leur rencontre, puisqu'il ne se souvient pas de la couleur de ses yeux, et les imagine bleus, à cause de sa blondeur, alors qu'elle les a noirs. C'est en outre de ces yeux bleus, fruits de son imagination, qu'il est le plus amoureux. Il faut donc en tirer la conclusion suivante ; on n'aime, chez l'autre, que ce qu'il n'est pas et que l'on imagine. L'amour chez Proust ne peut donc pas être heureux ; il n'est que douleur, puisqu'on s'illusionne sur l'être aimé, et tentative de posséder l'autre et de le faire ressembler à cette image, qui est le véritable objet de l'amour.

L'amour est une souffrance chez Proust, non seulement parce que l'autre ne correspond jamais à ce que l'amant aime réellement, mais aussi parce que les personnages proustiens s'obstinent à aimer réifier l'objet de leur désir, et donc, à l'aimer comme on aimerait un objet, ou une œuvre d'art. Dans « Un amour de Swann », le protagoniste se comporte presque, vis-à-vis d'Odette, comme si elle était un tableau vivant, dont il doit prendre soin, mais aussi dont il se veut seul maître et possesseur. Il ne peut supporter de la laisser seule, comme si en quelques minutes, elle pouvait lui être volée, et même si sa jalousie n'est pas sans fondements, son amour paraît très pesant. Il agit comme s'il voulait l'enfermer loin de tout autre regard masculin que le sien, comme un collectionneur achète et garde chez lui une pièce de musée. Cette jalousie profonde se retrouvera chez le narrateur ; amoureux d'Albertine, une jeune fille qu'il rencontre à Balbec dans *À l'ombre des jeunes filles en fleurs*, il met tout en œuvre dans le volume intitulé *La Prisonnière*, pour faire surveiller la femme qu'il aime (qu'il soupçonne d'avoir des liaisons homosexuelles), et pour l'enfermer chez lui. Dans notre roman, on trouvait déjà cette forme d'amour possessif et jaloux dans celui que le narrateur, enfant, éprouvait pour sa mère, au point de ne pas supporter la présence d'étrangers à dîner ; la jalousie et la peur de l'abandon sont donc très fortes. D'où des rapports amoureux conflictuels, ou faits d'illusions, et une grande violence à l'égard de l'être aimé, qui est, paradoxalement, celui que l'on torture le plus.

Avec toutes ces thématiques présentes dans *Du côté de chez Swann*, nous avons un échantillon complet du reste d'*À la recherche du temps perdu* ; les souvenirs, l'art et la vocation littéraire, l'amour, la jalousie, le sadisme…

ÉTUDE DU MOUVEMENT LITTÉRAIRE

L'œuvre de Proust se situe résolument à la charnière de deux siècles et de deux époques littéraires. En effet, le XIXe siècle (et plus particulièrement sa seconde moitié) a été celui des grandes œuvres sociologiques, fondées sur une esthétique réaliste, puis naturaliste. Le roman est alors conçu comme un système permettant de connaître la société contemporaine, et parfois comme un moyen de la contester vertement. De grands noms et de grandes œuvres représentent cette posture de l'écriture romanesque où le texte occupe une fonction sociale, politique et culturelle affichée : Balzac (*La Comédie humaine*), Zola (et sa fresque des Rougon-Macquart), Maupassant (Une vie) ou encore Jules Vallès (L'Insurgé). Au tournant du siècle toutefois, ce regard social est abandonné. La fonction même du roman est contestée au nom des développements des sciences sociales et de la psychologie. Tandis que, jusque-là, la littérature parvenait à réunir en son sein les sciences humaines, la fin du XIXe et le début du XXe siècle marquent leur éclatement en différentes disciplines. Orphelin d'un sujet et de procédés d'écriture qui ont fait école, le roman est alors confronté à une véritable crise. Les grandes fresques du monde social changent et se dirigent lentement vers l'expression d'un culte du moi.

La pensée de l'époque se prête parfaitement à un revirement de la sorte. La psychologie, dans la continuité d'Hippolyte Taine ou d'Émile Durkheim, se développe largement. Les écrits de Paul Bourget (*Essais de psychologie contemporaine*, 1883-1886) sont très lus à l'époque. Il en est de même de la psychanalyse freudienne, que les surréalistes s'évertueront à amener en littérature. Parallèlement, l'œuvre d'Henri Bergson (*Matière et mémoire*, 1896 ; *L'Évolution créatrice*, 1907), dont Proust suit les cours à l'université, met à mal le rationalisme (la raison de l'homme est en accord avec le monde, ce qui lui permet d'agir directement sur lui), le positivisme (seule la connaissance des faits prime et l'homme ne peut atteindre que des relations et des lois, non les choses en soi) et le déterminisme (les conditions d'un phénomène sont déterminées, ce qui fait que le phénomène se déclare obligatoirement), et conteste la capacité du roman à exprimer le temps vécu. Il lui revient alors de plaider pour une connaissance immédiate permettant de pénétrer la réalité du moi et des choses, et de saisir la durée pure.

Maurice Barrès (1862-1923) est l'un des écrivains qui influencera le plus la génération à venir vers le roman « psychologique ». *Le Culte du moi*, cycle romanesque composé de *Sous l'œil des barbares* (1888), d'*Un homme libre* (1889) et du *Jardin de Bérénice* (1891), est l'affirmation forte des droits de la personnalité contre ce qui cherche à l'entraver, ce qui l'inscrit à l'opposé de l'œuvre naturaliste de Zola. Par ailleurs, il assure que le « moi » n'est pas immuable et qu'il ne cesse de se construire : il faut constamment le défendre, le créer et multiplier les points de vue pour l'exprimer. Barrès sera le leader d'une nouvelle génération qui ne cessera de se réclamer de lui. *Le Temps retrouvé*, comme toute *La Recherche*, est ainsi une véritable quête de soi, de la vérité intérieure du narrateur. Les changements de points de vue sont nombreux dans le roman, ne serait-ce qu'au sujet de l'homosexualité, parfois raillée (« Sodome et Gomorrhe II »), avant d'être ramenée à une conception traditionnelle de l'amour, ou d'être naturalisée au cours d'une longue métaphore inaugurale. Les « intermittences du cœur » que connaît le narrateur participent elles aussi de cette construction du « moi » : dépassée voire reniée dans le roman précédent, la mort de sa grand-mère est maintenant vécue de manière violente ; parfois éperdument amoureux, souvent jaloux et épuisé par sa relation avec elle, ses sentiments à l'égard d'Albertine son

44

pour le moins fluctuants.

Tout ceci ne veut pas dire que Proust refuse la description sociologique du monde de son époque. Après la guerre, beaucoup de critiques n'ont même vu en lui qu'un auteur « Belle Époque » qui ne se souciait finalement que de peindre les milieux aristocratiques parisiens. L'Affaire Dreyfus, la judéité en France, l'homosexualité dans les sociétés européennes ou même les salons mondains participent d'une description fine de la réalité du temps de Proust. Certes présentée sous ses atours intemporels, la ville de Venise et ses spécificités jouent un rôle capital dans le déroulement romanesque de Proust.

Ensuite, il signale le mouvement d'une époque qui a entamé depuis quelques années déjà son déclin et donne corps à la charnière historique que Proust esquissait parfois dans ses romans antérieurs. Cette page historique permet à Proust de confirmer les grandes lignes de son œuvre, à savoir que la vie est une suite de changements et de confrontations plus ou moins violentes, de revirements et d'affrontements idéologiques qui mobilisent les énergies en place. Quel meilleur phénomène qu'une guerre, qui convoque des idéologies à leur paroxysme et annonce la fin d'une ère, pour montrer ce mouvement de l'histoire ?

Comme d'autres à son époque, Proust parvient dans *Albertine disparue*, mais aussi dans toute *La Recherche*, à donner une double perspective à son écriture : elle est à la fois centrée sur des personnages (le narrateur, Albertine, Charlus) mais tend aussi vers un discours plus universel. En effet, le héros se fait l'observateur privilégié de multiples événements et de toute une partie de la société. Mieux encore, il donne à voir les innombrables éléments qui composent la vie de tout être. Ainsi, au-delà de la crise du roman qui a perdu

toute ambition sociologique, Proust donne la description sin-
gulière d'un monde. En effet, la particularité de l'entreprise
proustienne tient en ce que tous ces éléments convergent pour
participer à la formation d'un seul et unique être : le spectacle
qui se déroule sous les yeux du héros est une suite d'étapes
qui le mèneront à la vie d'écrivain. Dans une société qui voit
naître les sciences psychologiques, qui s'interroge sur le
temps, la mémoire et sur les modes de représentations en littérature, l'œuvre de Proust fait figure de précurseur.

Dans la forme, c'est-à-dire en tant que somme romanesque monumentale, *Jean-Christophe* de Romain Rolland
le précède toutefois d'une dizaine d'années. On y suit le
destin d'un musicien allemand, Jean-Christophe Kraft, au
cours de sa quête de sagesse. Il doit affronter ses passions et
apprendre à dominer sa vie pour atteindre l'Harmonie. On
retrouve, dans cette rapide présentation, des points de conver-
gences avec l'œuvre de Proust, notamment dans l'idée d'un
dépassement d'une vie social au profit d'un moi artistique.
Ces travaux offrent de véritables œuvres-monuments
au lecteur : si *À la recherche du temps perdu* compte
sept romans, *Jean-Christophe* est publié en dix volumes. *Les Thibault* de Roger Martin du Gard, roman-fleuve
publié entre 1922 et 1940, comporte quant à lui huit parties ;
La Chronique des Pasquier de Georges Duhamel, qui a paru
au Mercure de France de 1933 à 1945, réunit dix romans ;
Les Hommes de bonne volonté de Jules Romains, tend vers
un discours plus volontairement universel et ne compte pas
moins de vingt-sept volumes (1932-1946). Finalement, on assiste, dans cette première partie du XXe siècle, à une véritable
mode du roman-fleuve, voire du « roman-monde ». Il est vrai
que le XIXe siècle est lui aussi fertile en grandes sommes ro-
manesques. Qu'est-ce qui différencie alors *À la recherche du
temps perdu* de *La Comédie humaine* de Balzac, des *Mystères*

de Paris d'Eugène Sue ou des *Rougon-Macquart* de Zola ? Sa structure respecte ce que nous disions un peu plus tôt : l'ambition sociologique est dépassée au profit d'une quête psychologique. Au fil des tomes et des romans, le lecteur suit toujours le ou les mêmes personnages. Contrairement à l'entreprise de Balzac où chaque œuvre est l'exploration d'un caractère-type et donc d'une partie de la société, Proust, Rolland ou Romains suivent l'évolution d'une psyché unique. Et si le travail de l'auteur des *Illusions perdues* cherche à concurrencer le monde, ceux des auteurs du XXe siècle tendent à construire un monde. L'individu est donc entendu dans sa particularité. Certes en fonction de la société qui l'entoure, mais comme une unité stricte.

Parallèlement, les romanciers de l'époque s'interrogent sur les conditions d'accès de ce « moi » profond et difficile à définir. En d'autres termes, ils prennent l'habitude de remettre en question l'écriture et la littérature. Le narrateur de *La Recherche*, nous l'avons déjà dit, est un écrivain en puissance que nous suivons à travers des étapes qui le mènent à l'écriture. André Gide avait ouvert cette voie avec *Paludes* et sa théorie de la « mise en abyme ». Ce procédé, qui met en scène un écrivain en train de rédiger un roman, permet de questionner l'œuvre, son rapport au créateur, mais aussi de réenclencher le propos. Il ne faut pas oublier non plus que tout le projet de Proust se fait dans la continuité du *Contre Sainte-Beuve*, où l'auteur fustige le critique romantique. La *Recherche* est même l'application de ce qu'il dit une dizaine d'années plus tôt. En somme, l'œuvre est aussi bien un discours sur la littérature qu'une pure narration romanesque : elle est autant critique que création.

Cette posture d'écriture flirte parfois avec un genre qui ne cessera de se développer au XXe siècle : l'autobiographie.

Certains thèmes ou traits de caractère des personnages du *Temps retrouvé* sont directement inspirés de la vie de Proust : son éducation bourgeoise, sa fréquentation des milieux mondains, ses mœurs sexuelles, son goût pour la mer et la Normandie… Mais le projet de Proust est bien d'aller au-delà et de construire son être intérieur, non de raconter sa vie. À la même époque, Colette, Gide, ou Céline s'approchent plus ou moins volontairement de l'autobiographie. D'autres suivront et continueront l'exploration de ce genre complexe (Leiris, Sarraute, Ernaux) qui est encore aujourd'hui un problème littéraire de premier ordre.

Parce qu'elle ne veut plus être uniquement en relation avec le monde qui l'entoure, se faire, comme dans les grands romans du XIXe siècle, sa représentante ou sa contestatrice, la littérature construit au fur et à mesure ses propres codes. Elle en vient ainsi à parler d'elle-même, de ses spécificités et de sa grandeur. L'art, pour Proust comme pour d'autres penseurs de sa génération, est la voie d'accès au « moi », mais aussi le seul moyen de le construire.

DANS LA MÊME COLLECTION
(par ordre alphabétique)

- **Anonyme**, *La Farce de Maître Pathelin*
- **Anouilh**, *Antigone*
- **Aragon**, *Aurélien*
- **Aragon**, *Le Paysan de Paris*
- **Austen**, *Raison et Sentiments*
- **Balzac**, *Illusions perdues*
- **Balzac**, *La Femme de trente ans*
- **Balzac**, *Le Colonel Chabert*
- **Balzac**, *Le Lys dans la vallée*
- **Balzac**, *Le Père Goriot*
- **Barbey d'Aurevilly**, *L'Ensorcelée*
- **Barbey d'Aurevilly**, *Les Diaboliques*
- **Bataille**, *Ma mère*
- **Baudelaire**, *Les Fleurs du Mal*
- **Baudelaire**, *Petits poèmes en prose*
- **Beaumarchais**, *Le Barbier de Séville*
- **Beaumarchais**, *Le Mariage de Figaro*
- **Beauvoir**, *Mémoires d'une jeune fille rangée*
- **Beckett**, *En attendant Godot*
- **Beckett**, *Fin de partie*
- **Brecht**, *La Noce*
- **Brecht**, *La Résistible ascension d'Arturo Ui*
- **Brecht**, *Mère Courage et ses enfants*
- **Breton**, *Nadja*
- **Brontë**, *Jane Eyre*
- **Camus**, *L'Étranger*
- **Carroll**, *Alice au pays des merveilles*
- **Céline**, *Mort à crédit*

- **Céline**, *Voyage au bout de la nuit*
- **Chateaubriand**, *Atala*
- **Chateaubriand**, *René*
- **Chrétien de Troyes**, *Perceval*
- **Cocteau**, *La Machine infernale*
- **Cocteau**, *Les Enfants terribles*
- **Colette**, *Le Blé en herbe*
- **Corneille**, *Le Cid*
- **Crébillon fils**, *Les Égarements du cœur et de l'esprit*
- **Defoe**, *Robinson Crusoé*
- **Dickens**, *Oliver Twist*
- **Du Bellay**, *Les Regrets*
- **Dumas**, *Henri III et sa cour*
- **Duras**, *L'Amant*
- **Duras**, *La Pluie d'été*
- **Duras**, *Un barrage contre le Pacifique*
- **Flaubert**, *Bouvard et Pécuchet*
- **Flaubert**, *L'Éducation sentimentale*
- **Flaubert**, *Madame Bovary*
- **Flaubert**, *Salammbô*
- **Gary**, *La Vie devant soi*
- **Giraudoux**, *Électre*
- **Giraudoux**, *La Guerre de Troie n'aura pas lieu*
- **Gogol**, *Le Mariage*
- **Homère**, *L'Odyssée*
- **Hugo**, *Hernani*
- **Hugo**, *Les Misérables*
- **Hugo**, *Notre-Dame de Paris*
- **Huxley**, *Le Meilleur des mondes*
- **Jaccottet**, *À la lumière d'hiver*
- **James**, *Une vie à Londres*
- **Jarry**, *Ubu roi*
- **Kafka**, *La Métamorphose*

- **Kerouac**, *Sur la route*
- **Kessel**, *Le Lion*
- **La Fayette**, *La Princesse de Clèves*
- **Le Clézio**, *Mondo et autres histoires*
- **Levi**, *Si c'est un homme*
- **London**, *Croc-Blanc*
- **London**, *L'Appel de la forêt*
- **Maupassant**, *Boule de suif*
- **Maupassant**, *Le Horla*
- **Maupassant**, *Une vie*
- **Molière**, *Amphitryon*
- **Molière**, *Dom Juan*
- **Molière**, *L'Avare*
- **Molière**, *Le Malade imaginaire*
- **Molière**, *Le Tartuffe*
- **Molière**, *Les Fourberies de Scapin*
- **Musset**, *Les Caprices de Marianne*
- **Musset**, *Lorenzaccio*
- **Musset**, *On ne badine pas avec l'amour*
- **Perec**, *La Disparition*
- **Perec**, *Les Choses*
- **Perrault**, *Contes*
- **Prévert**, *Paroles*
- **Prévost**, *Manon Lescaut*
- **Proust**, *À l'ombre des jeunes filles en fleurs*
- **Proust**, *Albertine disparue*
- **Proust**, *Le Côté de Guermantes*
- **Proust**, *Le Temps retrouvé*
- **Proust**, *Sodome et Gomorrhe*
- **Proust**, *Un amour de Swann*
- **Queneau**, *Exercices de style*
- **Quignard**, *Tous les matins du monde*
- **Rabelais**, *Gargantua*

- **Rabelais**, *Pantagruel*
- **Racine**, *Andromaque*
- **Racine**, *Bérénice*
- **Racine**, *Britannicus*
- **Racine**, *Phèdre*
- **Renard**, *Poil de carotte*
- **Rimbaud**, *Une saison en enfer*
- **Sagan**, *Bonjour tristesse*
- **Saint-Exupéry**, *Le Petit Prince*
- **Sarraute**, *Enfance*
- **Sarraute**, *Tropismes*
- **Sartre**, *Huis clos*
- **Sartre**, *La Nausée*
- **Senghor**, *La Belle histoire de Leuk-le-lièvre*
- **Shakespeare**, *Roméo et Juliette*
- **Steinbeck**, *Les Raisins de la colère*
- **Stendhal**, *La Chartreuse de Parme*
- **Stendhal**, *Le Rouge et le Noir*
- **Verlaine**, *Romances sans paroles*
- **Verne**, *Une ville flottante*
- **Verne**, *Voyage au centre de la Terre*
- **Vian**, *J'irai cracher sur vos tombes*
- **Vian**, *L'Arrache-cœur*
- **Vian**, *L'Écume des jours*
- **Voltaire**, *Candide*
- **Voltaire**, *Micromégas*
- **Zola**, *Au Bonheur des Dames*
- **Zola**, *Germinal*
- **Zola**, *L'Argent*
- **Zola**, *L'Assommoir*
- **Zola**, *La Bête humaine*
- **Zola**, *Nana*
- **Zola**, *Pot-Bouille*

CPSIA information can be obtained
at www.ICGtesting.com
Printed in the USA
BVHW071622181121
621966BV00003B/58

9 782367 885018